Impressum
Verlag: BABADADA GmbH, Nedderfeld 112 , 22529 Hamburg
Geschäftsführer / Verlagsleitung: Harald Hof
Druck: Books on Demand GmbH, In de Tarpen 42, 22848 Norderstedt

Imprint
Publisher: BABADADA GmbH, Nedderfeld 112 , 22529 Hamburg, Germany
Managing Director / Publishing direction: Harald Hof
Print: Books on Demand GmbH, In de Tarpen 42, 22848 Norderstedt, Germany

škola
școală

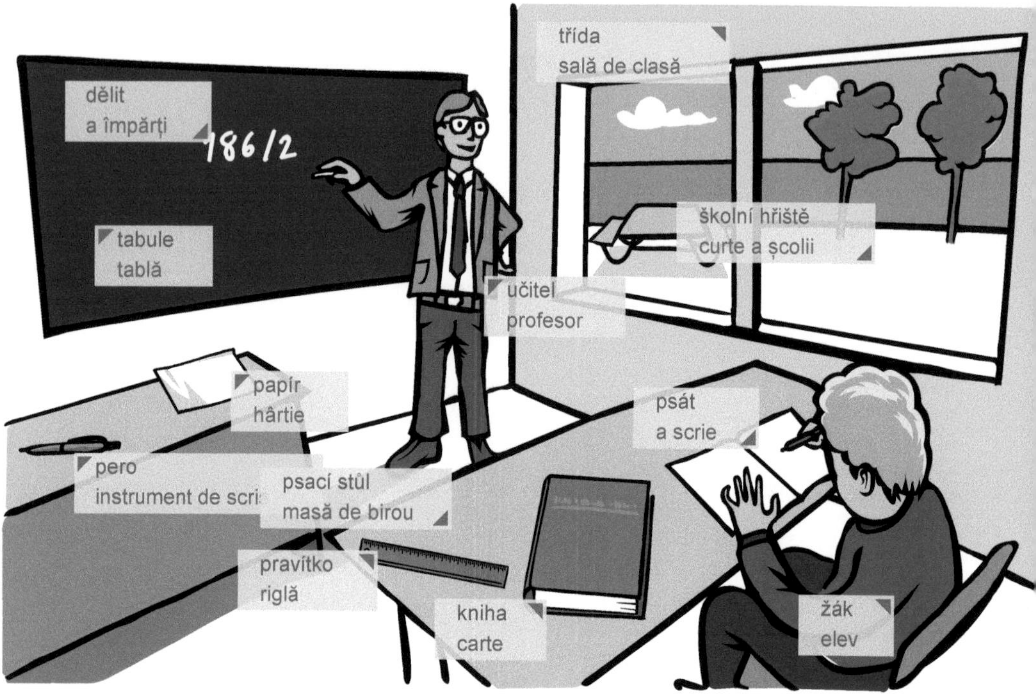
třída
sală de clasă
dělit
a împărți
186/2
tabule
tablă
školní hřiště
curte a școlii
učitel
profesor
papír
hârtie
psát
a scrie
pero
instrument de scri
psací stůl
masă de birou
pravítko
riglă
kniha
carte
žák
elev

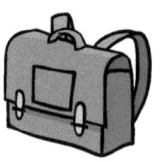

aktovka
ghiozdan

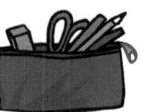

penál
penar

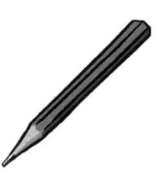

tužka
creion

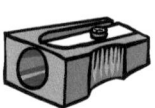

ořezávátko
ascuțitoare

guma
radieră

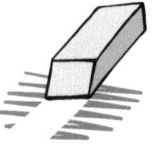

blok na kreslení
bloc de desen

výkres

desen

štětec

pensulă

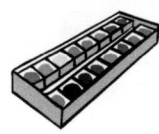

malířské potřeby

cutie de acuarele

nůžky

foarfece

lepidlo

lipici

cvičebnice

caiet de exerciții

domácí úkol

temă

počet

număr

sčítat

a aduna

odčítat

a scădea

násobit

a multiplica

počítat

a calcula

písmeno

litera

abeceda

alfabet

slovo

cuvânt

text
text

číst
a citi

křída
cretă

hodina
oră

třídní kniha
catalog

zkouška
examen

vysvědčení
certificat

školní uniforma
uniformă școlară

vzdělání
educație

encyklopedie
enciclopedie

univerzita
universitate

mikroskop
microscop

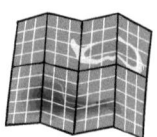

karta
hartă

odpadkový koš na papír
coș de gunoi

cesta
călătorie

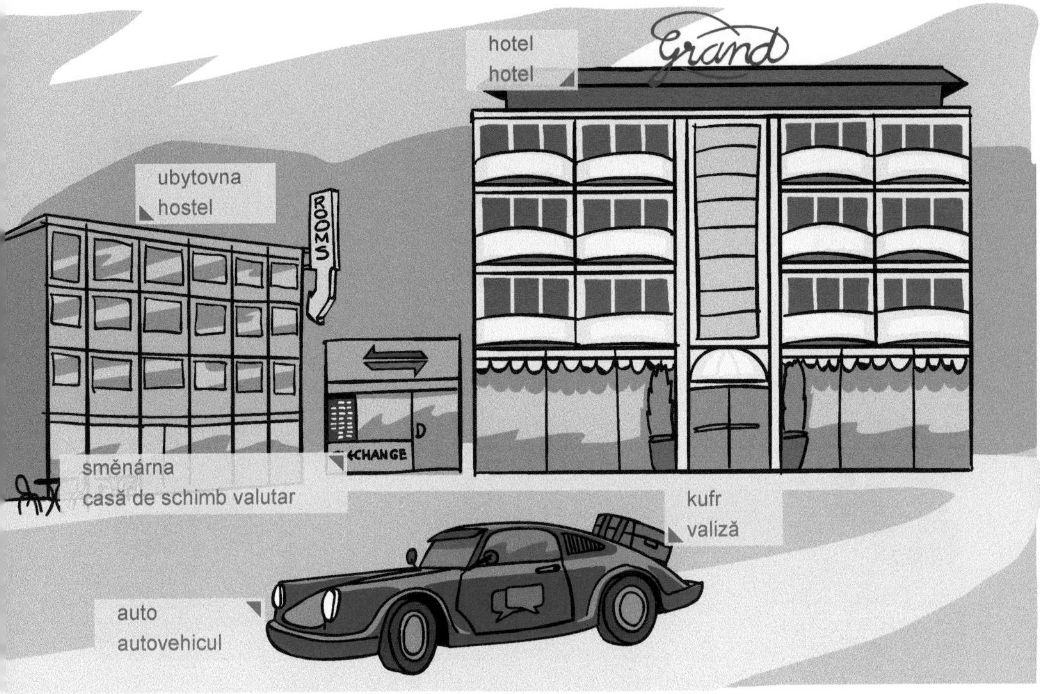

hotel
hotel
Grand
ubytovna
hostel
ROOMS
EXCHANGE
směnárna
casă de schimb valutar
kufr
valiză
auto
autovehicul

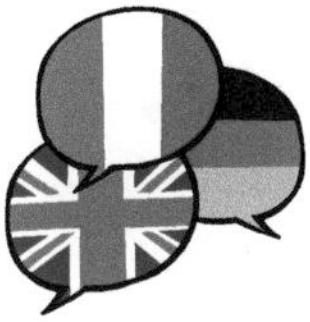

jazyk
limbă

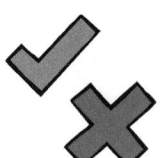

ano / ne
da/nu

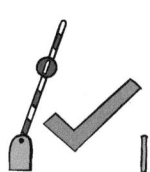

oukej
okay

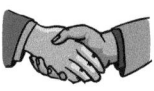

Ahoj!
Bună!

překladatel
interpret

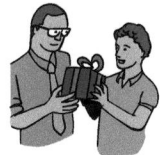

děkuji
mulțumesc

Kolik stojí...?

Cât costă...?

nerozumím

Nu înțeleg

problém

problemă

Dobrý večer!

Bună seara!

Dobré ráno!

Bună dimineața!

Dobrou noc!

Noapte bună!

na shledanou

la revedere

směr

direcție

zavazadlo

bagaj

taška

geantă

batoh

rucsac

host

oaspete

pokoj

cameră

spací pytel

sac de dormit

stan

cort

turistické informace

punct de informare turistică

pláž

plajă

kreditní karta

carte de credit

snídaně

mic dejun

oběd

masa de prânz

večeře

cină

jízdenka

bilet de călătorie

výtah

lift

poštovní známka

timbru poştal

hranice

graniţă

clo

vamă

poselství

ambasadă

vízum

viză

pas

paşaport

transport

transport

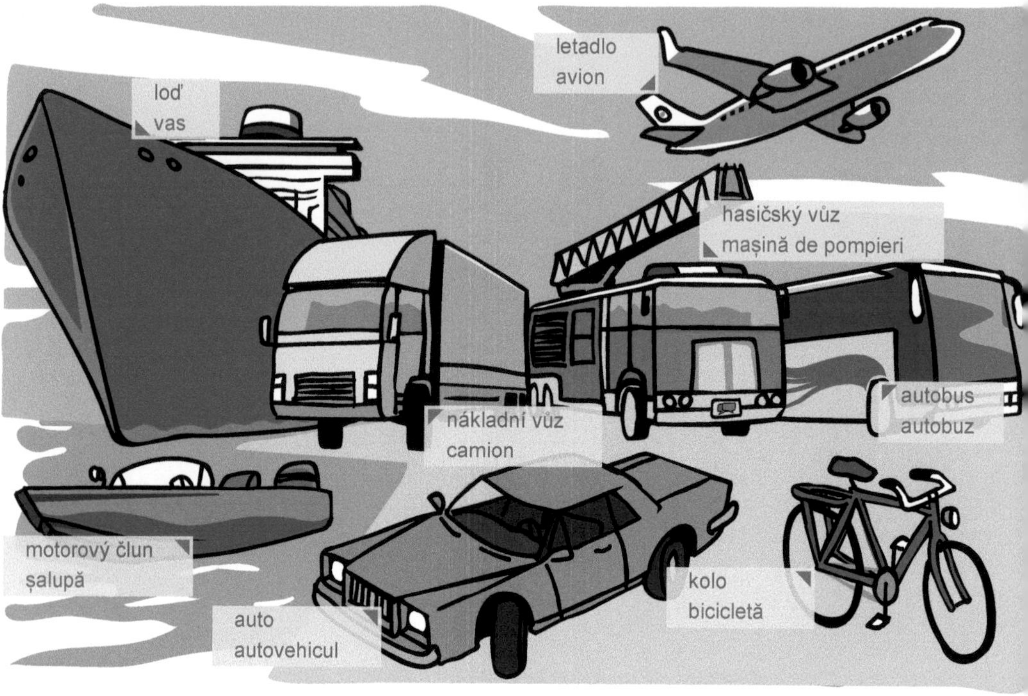
letadlo
avion
loď
vas
hasičský vůz
mașină de pompieri
autobus
autobuz
nákladní vůz
camion
motorový člun
șalupă
kolo
bicicletă
auto
autovehicul

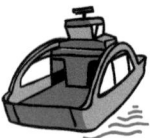

přívoz

feribot

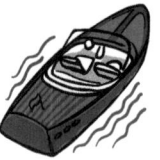

člun

barcă

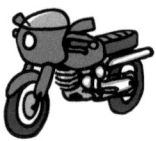

motorka

motocicletă

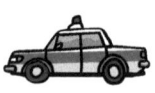

policejní auto

mașină de poliție

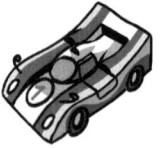

závodní auto

mașină de curse

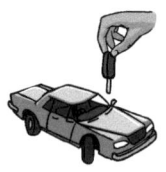

pronajaté auto

mașină închiriată

sdílení aut

car sharing

odtahová služba

maşină de tractat

popelářský vůz

maşină de gunoi

motor

motor

palivo

combustibil

čerpací stanice

benzinărie

dopravní značka

semn de circulaţie

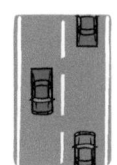

doprava

trafic

dopravní zácpa

ambuteiaj

parkoviště

parcare

vlakové nádraží

gară

koleje

şine

vlak

tren

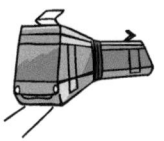

tramvaj

tramvai

vagón

vagon

helikoptéra

elicopter

letiště

aeroport

věž

turn

pasažér

pasager

kontejner

container

kartón

carton

trakař

căruță

koš

coș

vzlétnout / přistát

a decola/a ateriza

vesnice

sat

střed města

centru

dům

casă

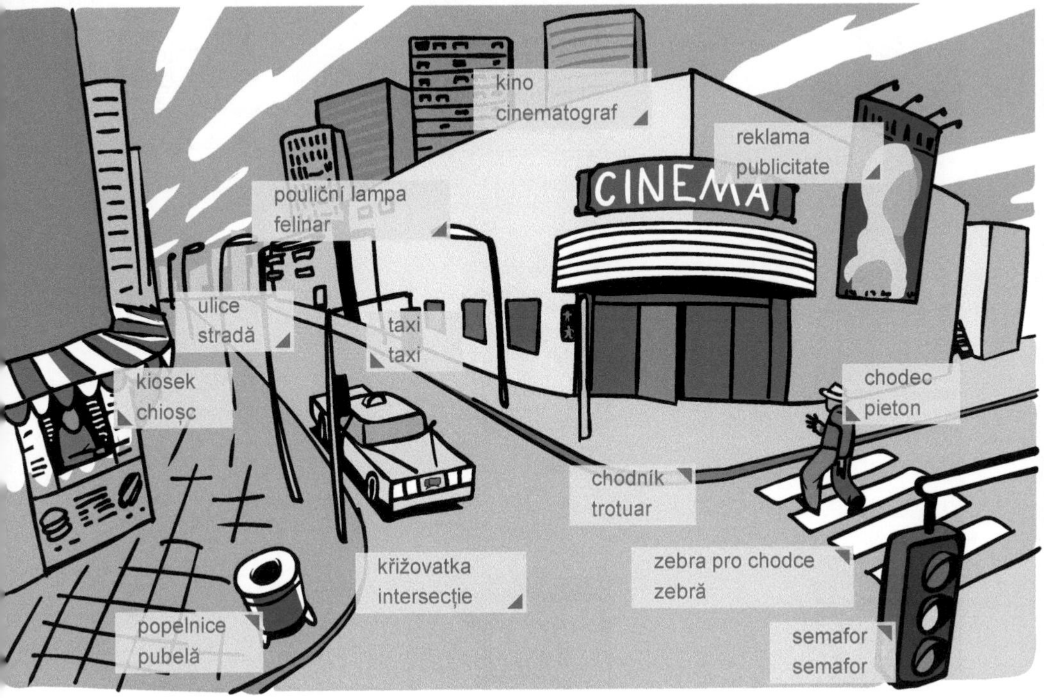

chata
cabană

byt
apartament

vlakové nádraží
gară

radnice
primărie

muzeum
muzeu

škola
școală

město - oraș

univerzita

universitate

banka

bancă

nemocnice

spital

hotel

hotel

lékárna

farmacie

kancelář

birou

knihkupectví

librărie

obchod

magazin

květinářství

florărie

supermarket

supermarket

tržnice

piață

obchodní dům

magazin universal

rybárna

comerciant de pește

nákupní centrum

centru comercial

přístav

port

park
....
parc

lavička
....
bancă

most
....
pod

schody
....
trepte

metro
....
metrou

tunel
....
tunel

autobusová zastávka
....
staţie de autobuz

bar
....
bar

restaurace
....
restaurant

poštovní schránka
....
cutie poştală

pouliční tabule
....
tăbliţă indicatoare cu
numele străzii

parkovací hodiny
....
parcometru

zoo
....
grădină zoologică

plovárna
....
piscină

mešita
....
moschee

usedlost

gospodărie țărănească

znečišťování životního prostředí

poluare

hřbitov

cimitir

církev

biserică

hřiště

loc de joacă

chrám

templu

krajina

peisaj

list
frunză

rozcestník
indicator

cesta
drum

louka
pajiște

kámen
piatră

turista
drumeț

strom
copac

řeka
râu

tráva
iarbă

květina
floare

úndolí
vale

hora
deal

jezero
lac

les
pădure

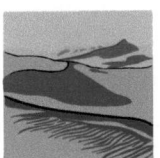

poušť
deșert

sopka
vulcan

zámek
castel

duha
curcubeu

houba
ciupercă

palma
palmier

komár
țânțar

moucha
muscă

mravenec
furnică

včela
albină

pavouk
păianjen

brouk
gândac

žába
broască

veverka
veveriţă

ježek
arici

zajíc
iepure

sova
bufniţă

pták
pasăre

labuť
lebădă

divoké prase
porc mistreţ

jelen
cerb

los
elan

přehrada
dig

větrné kolo
turbină eoliană

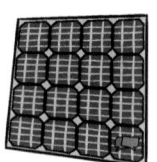

solární panel
panou solar

podnebí
climă

restaurace
restaurant

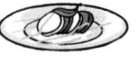

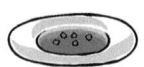

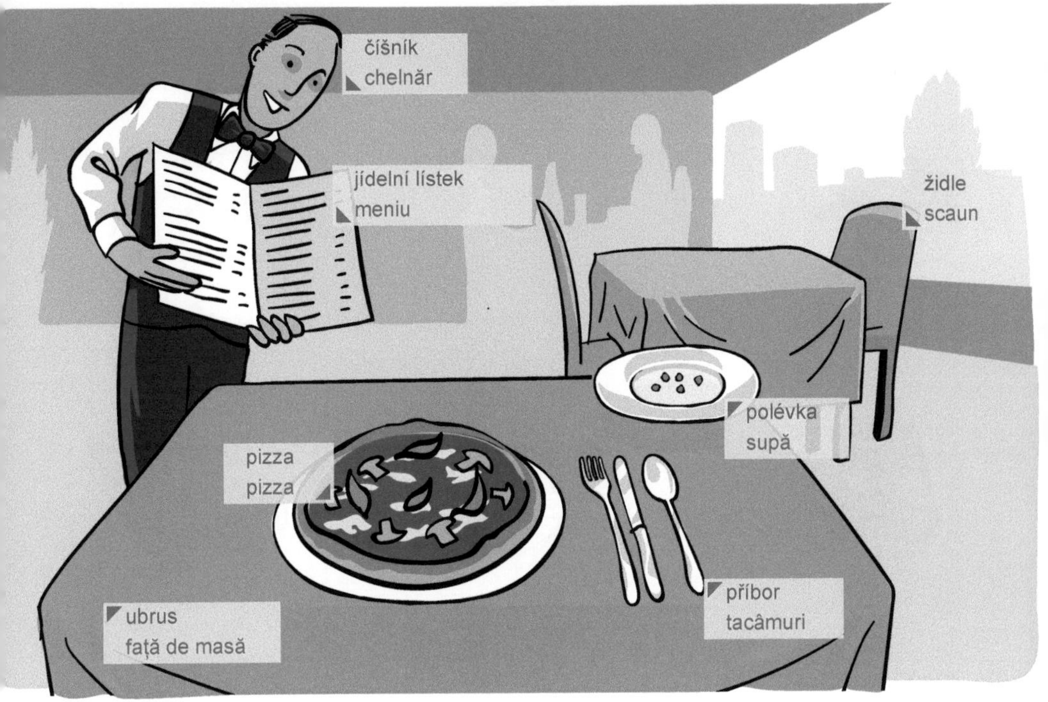

číšník
chelnăr
jídelní lístek
meniu
židle
scaun
polévka
supă
pizza
pizza
příbor
tacâmuri
ubrus
față de masă

předkrm

antreu

hlavní chod

fel principal

dezert

desert

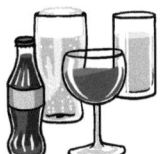

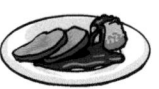

nápoje

băuturi

jídlo

mâncare

láhev

sticlă

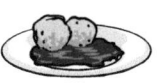

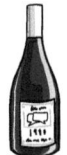

rychlé občerstvení

fastfood

pouliční občerstvení

streetfood

čajová konvice

ceainic

cukřenka

zaharniță

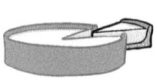

porce

porție

kávovar na espresso

espressor

dětská stolička

scaun înalt (pentru copii)

faktura

factură

tác

tavă

nůž

cuțit

vidlička

furculiță

lžíce

lingură

čajová lyžička

linguriță

ubrousek

șervețel

sklenička

pahar

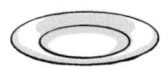

talíř

farfurie

talíř na polévku

farfurie de supă

podšálek

farfurie

omáčka

sos

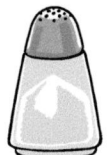

slánka

solniță

mlýnek na pepř

râșniță de piper

ocet

oțet

olej

ulei

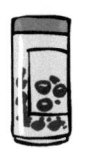

koření

condimente

kečup

ketchup

hořčice

muștar

majonéza

maioneză

supermarket
supermarket

nabídka
ofertă
zákazník
client
mléčné výrobky
produse lactate
ovoce
fructe
nákupní vozík
cărucior de cumpărături
FOR

BUTCHERS

masna

măcelărie

BAKERY

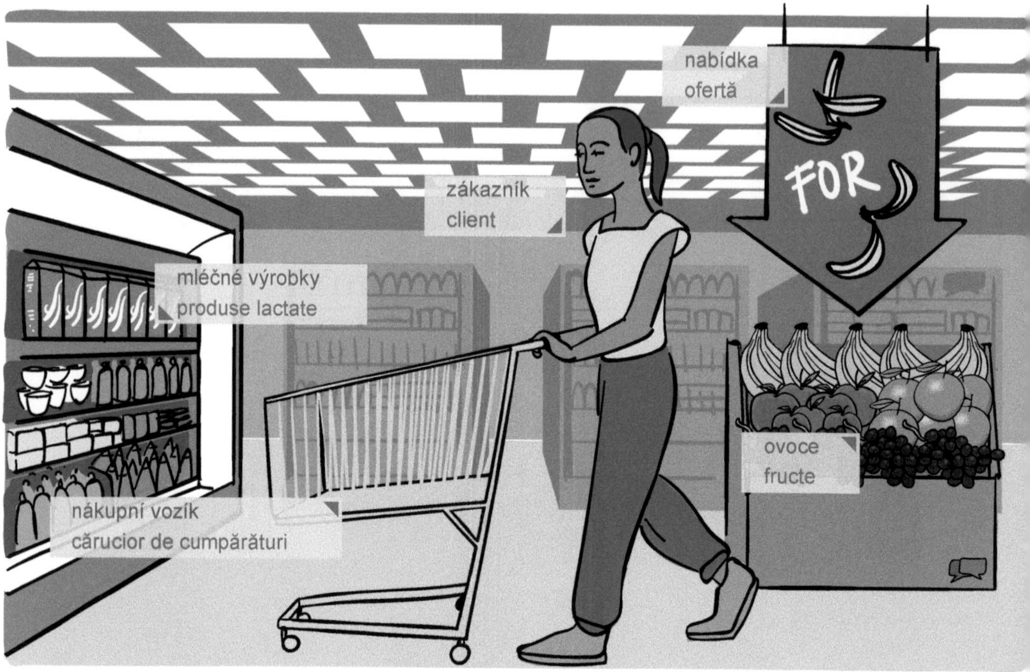

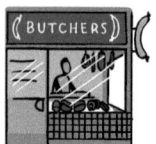

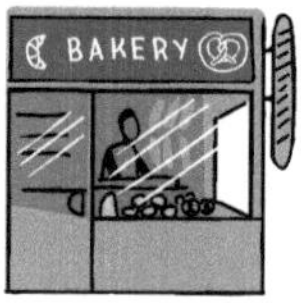

pekařství

brutărie

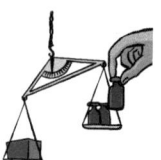

vážit

a cântări

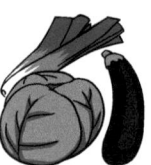

zelenina

legume

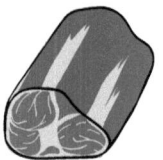

maso

carne

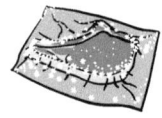

mražené potraviny

alimente refrigerate

obložený talíř

mezeluri și brânzeturi feliate

konzervy

conserve

prací prášek

detergent

cukrovinky

dulciuri

výrobky pro domácnost

articole de menaj

čisticí prostředek

produse de curățenie

prodavačka

vânzătoare

pokladna

casă

pokladní

casier

nákupní seznam

listă de cumpărături

otevírací doba

orar

peněženka

portmoneu

kreditní karta

carte de credit

taška

geantă

igelitová taška

pungă de plastic

supermarket - supermarket

voda

apă

džus

suc

mléko

lapte

kola

cola

víno

vin

pivo

bere

alkohol

alcool

kakao

cacao

čaj

ceai

káva

cafea

espresso

espresso

kapučíno

cappucino

banán

banane

jablko

măr

pomeranč

portocală

meloun

pepene

citrón

lămâie

mrkev

morcov

česnek

usturoi

bambus

bambus

cibule

ceapă

houba

ciupercă

ořechy

nuci

těstoviny

paste făinoase

špageti

spagheti

rýže

orez

salát

salată

hranolky

cartofi prăjiți

americké brambory

cartofi țărănești

pizza

pizza

hamburger

hamburger

sendvič

sandwich

řízek

șnițel

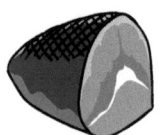

šunka

șuncă

salám

salam

salám

cârnați

kuře

pui

pečeně

friptură

ryby

pește

ovesné vločky

fulgi de ovăz

müsli

musli

vločky

cereale

mouka

făină

croissant

corn

houska

chifle

chléb

pâine

toast

pâine prăjită

sušenky

biscuiţi

máslo

unt

tvaroh

brânză de vaci

buchta

prăjitură

vejce

ou

volské oko

ouă ochiuri

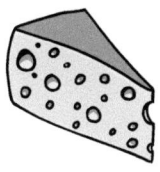

sýr

brânză

zmrzlina

îngheţată

cukr

zahăr

med

miere

marmeláda

marmeladă

nugátový krém

cremă nuga

kari

curry

usedlost

gospodărie țărănească

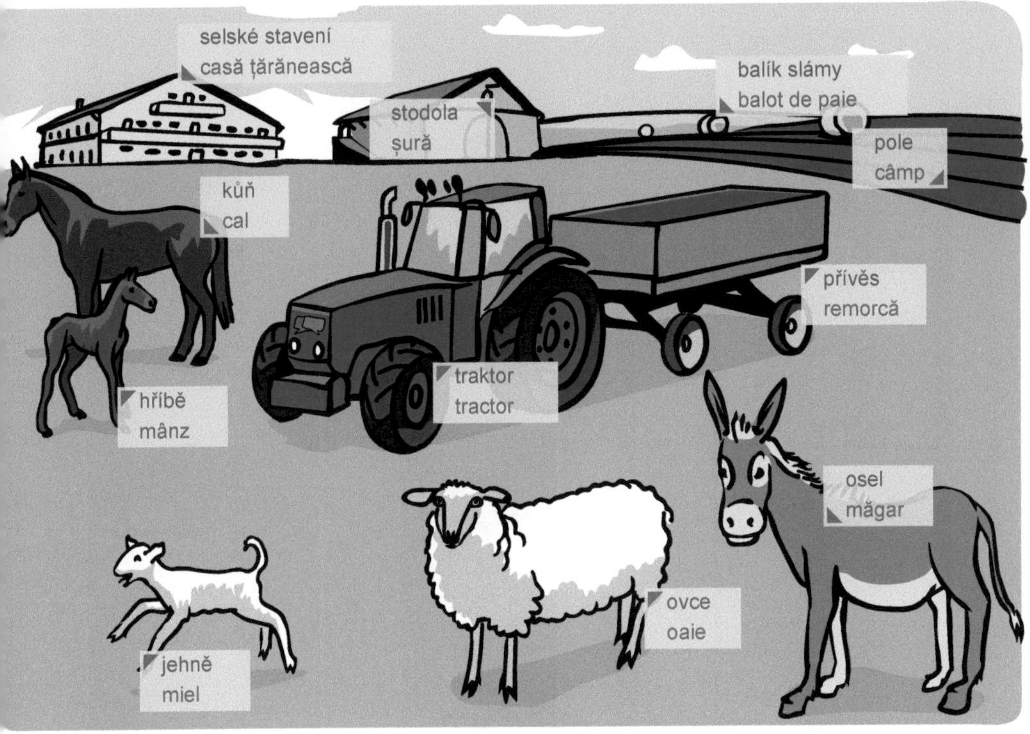
selské stavení
casă țărănească
stodola
șură
balík slámy
balot de paie
pole
câmp
kůň
cal
přívěs
remorcă
traktor
tractor
hříbě
mânz
osel
măgar
ovce
oaie
jehně
miel

koza

capră

kráva

vacă

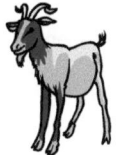

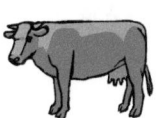

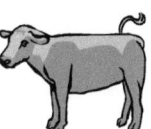

tele

vițel

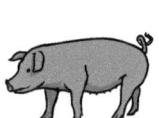

prase

porc

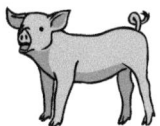

sele

purcel

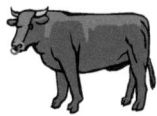

býk

taur

husa

găină

kachna

rață

kuře

pui

slepice

găină

kohout

cocoș

krysa

șobolan

kočka

pisică

myš

șoarece

vůl

bou

pes

câine

psí bouda

cușcă

zahradní hadice

furtun de grădină

kropicí konev

stropitoare

kosa

coasă

pluh

plug

srp

secerǎ

motyka

sapǎ

vidle

furcǎ

sekera

secure

kolecko

roabǎ

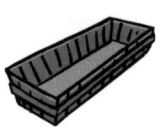

koryto

troacǎ

konev na mléko

canǎ pentru lapte

pytel

sac

plot

gard

stáj

grajd

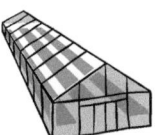

skleník

serǎ

půda

sol

osivo

sǎmânţǎ

hnojivo

fertilizator

kombajn

combinǎ de treierat

sklidit

a culege

sklizeň

recoltă

smldinec

cartof yam

pšenice

grâu

sója

soia

brambora

cartof

kukuřice

porumb

řepka

rapiță

ovocný strom

pom fructifer

maniok

manioc

obilí

cereale

dům
casă

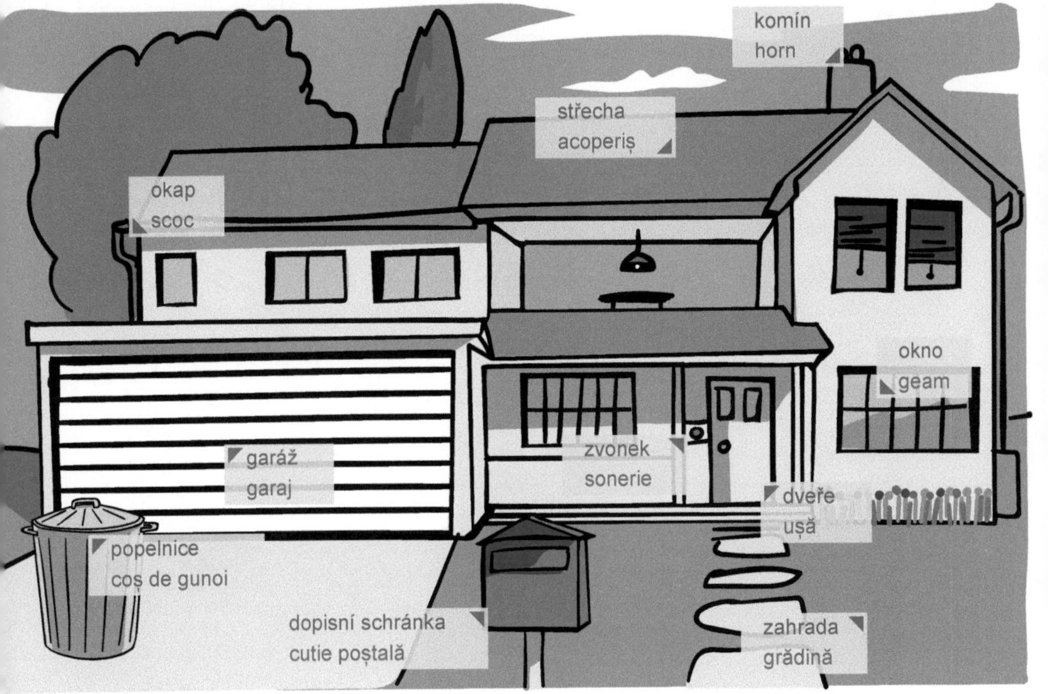

komín
horn
střecha
acoperiș
okap
scoc
okno
geam
zvonek
sonerie
garáž
garaj
dveře
ușă
popelnice
coș de gunoi
dopisní schránka
cutie poștală
zahrada
grădină

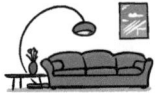

obývací pokoj

camera de zi

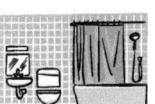

koupelna

baie

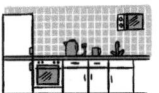

kuchyně

bucătărie

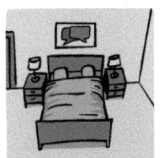

ložnice

dormitor

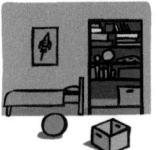

dětský pokoj

camera copiilor

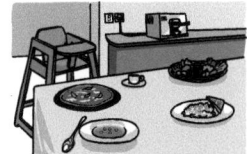

jídelna

sufragerie

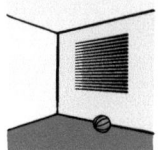

podlaha

podea

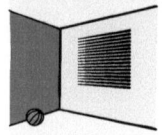

zeď

perete

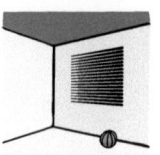

deka

tavan

sklep

pivniţă

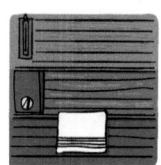

sauna

saună

balkón

balcon

terasa

terasă

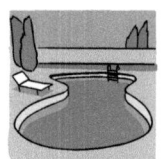

bazén

piscină

sekačka na trávu

maşină de tuns iarba

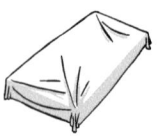

ložní prádlo

cearşaf

lůžková přikrývka

cuvertură

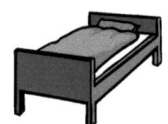

postel

pat

smeták

mătură

kýbl

găleată

vypínač

întrerupător

obývací pokoj
cameră de zi

tapeta
tapet
obrázek
pictură
žárovka
lampă
police
raft
skříň
dulap
televizor
televizor
komín
șemineu
květina
floare
polštář
pernă
gauč
sofa
váza
vază
dálkový ovladač
telecomandă

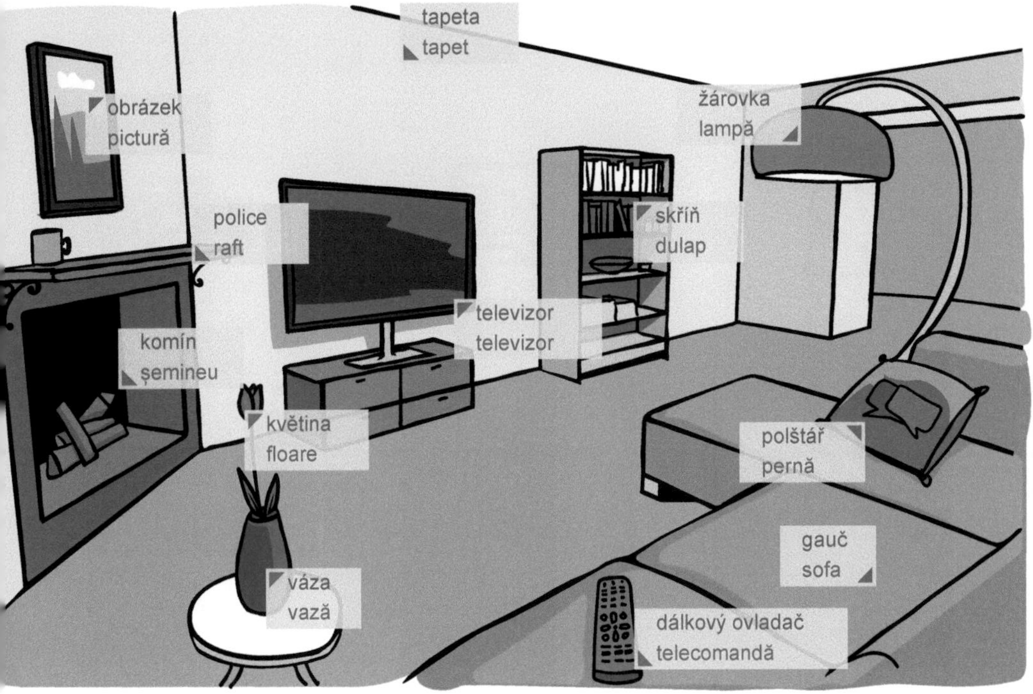

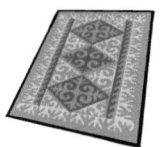

koberec

covor

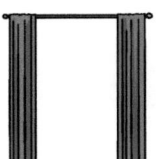

závěs

perdea

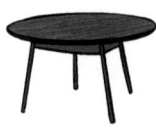

stůl

masă

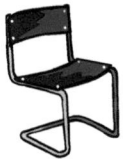

židle

scaun

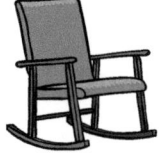

houpací křeslo

balansoar

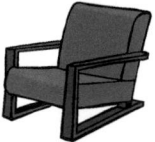

křeslo

fotoliu

kniha

carte

strop

pătură

ozdoba

decoraţiune

palivové dříví

lemn de foc

film

film

stereo souprava

instalaţie stereo

klíč

cheie

noviny

ziar

malba

desen

plakát

poster

rádio

radio

poznámkový blok

caiet de notiţe

vysavač

aspirator

kaktus

cactus

svíce

lumânare

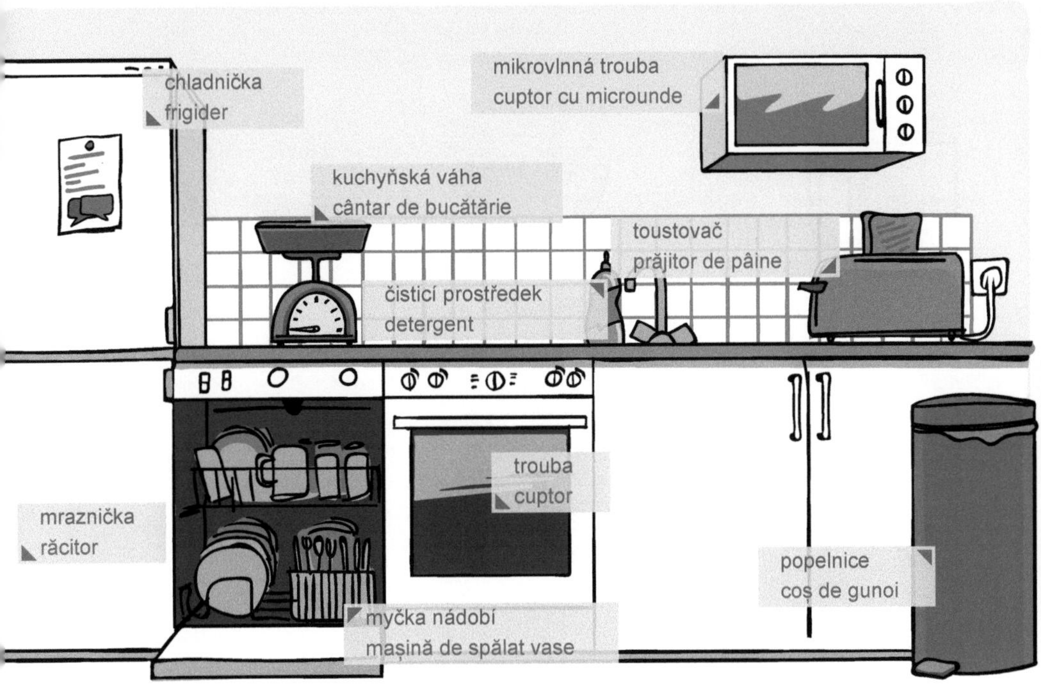

chladnička
frigider

mikrovlnná trouba
cuptor cu microunde

kuchyňská váha
cântar de bucătărie

toustovač
prăjitor de pâine

čisticí prostředek
detergent

trouba
cuptor

mraznička
răcitor

popelnice
coș de gunoi

myčka nádobí
mașină de spălat vase

sporák

cuptor

hrnec

oală

litinový hrnec

oală de metal

wok / kadai

wok/kadai

pánev

tigaie

varná konvice

ceainic

parní hrnec

oală de gătit cu aburi

plech na pečení

tavă de copt

nádobí

veselă

hrnek

pahar

miska

bol

jídelní hůlky

bețișoare

naběračka

polonic

obracečka

spatulă

metla

tel

síto

sită

cedník

sită

struhadlo

răzătoare

hmoždíř

mojar

gril

grătar

ohniště

loc pentru grătar

prkénko na krájení

tocător

váleček na těsto

sucitor

vývrtka

tirbușon

dóza

conservă

otvírák na konzervy

deschizător de conserve

chňapka

șervete termice

umyvadlo

chiuvetă

kartáč na nádobí

perie

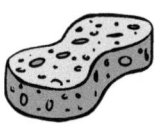

houba

burete

mixér

mixer

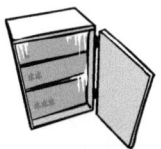

mrazák

ladă frigorifică

dětská lahev

biberon

kohoutek

robinet

koupelna
baie

topení
încălzire
ručník
prosop
sprcha
duș
sprchový závěs
perdea de duș
pěnová koupel
baie cu spumă
vana
cadă
pračka
mașină de spălat
sklenička
pahar
kohoutek
robinet
obkladačky
gresie
nočník
oală de noapte
umyvadlo
chiuvetă

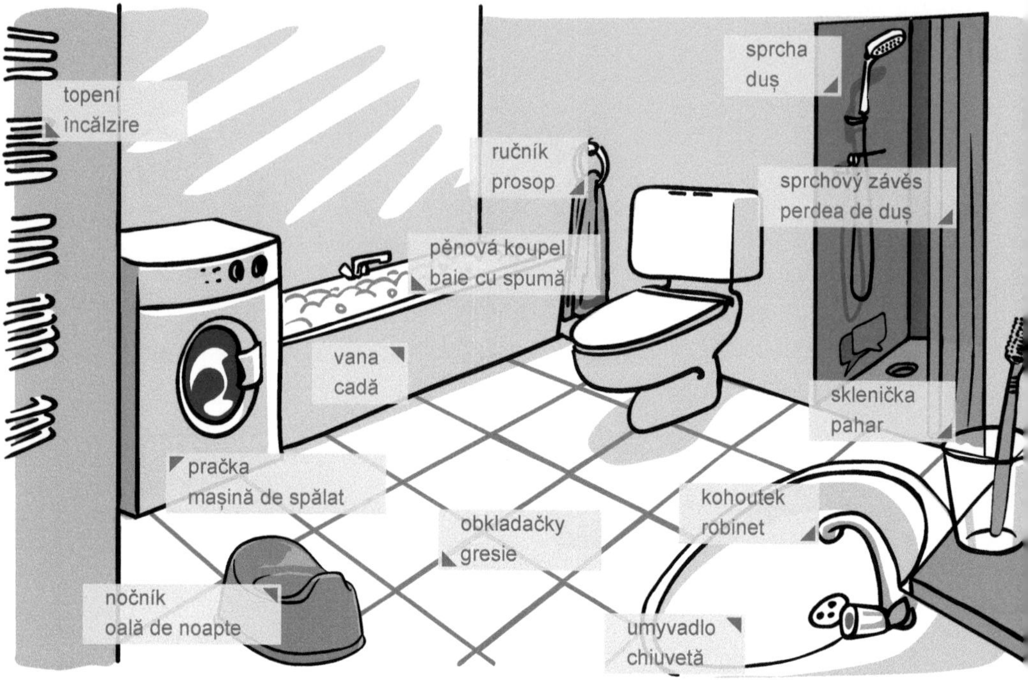

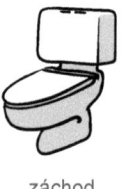

záchod
toaletă

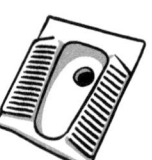

turecký záchod
toaletă turcescă

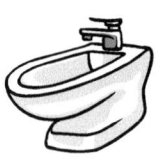

bidet
bideu

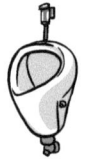

pisoár
pisoir

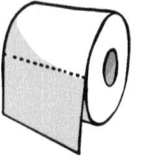

toaletní papír
hârtie igienică

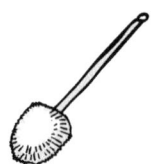

záchodová štětka
perie de toaletă

zubní kartáček

periuță de dinți

zubní pasta

pastă de dinți

zubní niť

ață dentară

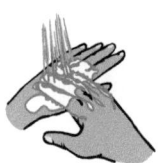

mýt

a spăla

ruční sprcha

cap de duș

intimní sprcha

duș intim

umyvadlo

lavoar

kartáč na záda

perie pentru spate

mýdlo

săpun

sprchový gel

gel de duș

šampón

șampon

žínka

cârpă de spălat

odpad

scurgere

krém

cremă

deodorant

deodorant

koupelna - baie

zrcadlo

oglindă

kosmetické zrcátko

oglindă cosmetică

holicí strojek

aparat de ras

pěna na holení

spumă de ras

voda po holení

aftershave

hřeben

pieptene

kartáč

perie

fén

uscător de păr

lak na vlasy

fixator

makeup

machiaj

rtěnka

ruj

lak na nehty

lac de unghii

vata

vată

nůžky na nehty

foarfece de unghii

parfém

parfum

taška s toaletními potřebami
....
neseser

stolička
....
taburet

váha
....
cântar

župan
....
halat de baie

gumové rukavice
....
mănuși de cauciuc

tampón
....
tampon

dámská vložka
....
tampon

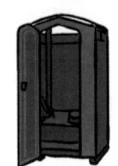

chemická toaleta
....
toaletă chimică

dětský pokoj
camera copiilor

budík
ceas deșteptător
plyšová hračka
jucărie de pluș
autíčko
mașină de jucărie
chrastítko
morișcă
domeček pro panenky
casă de păpuși
dárek
cadou

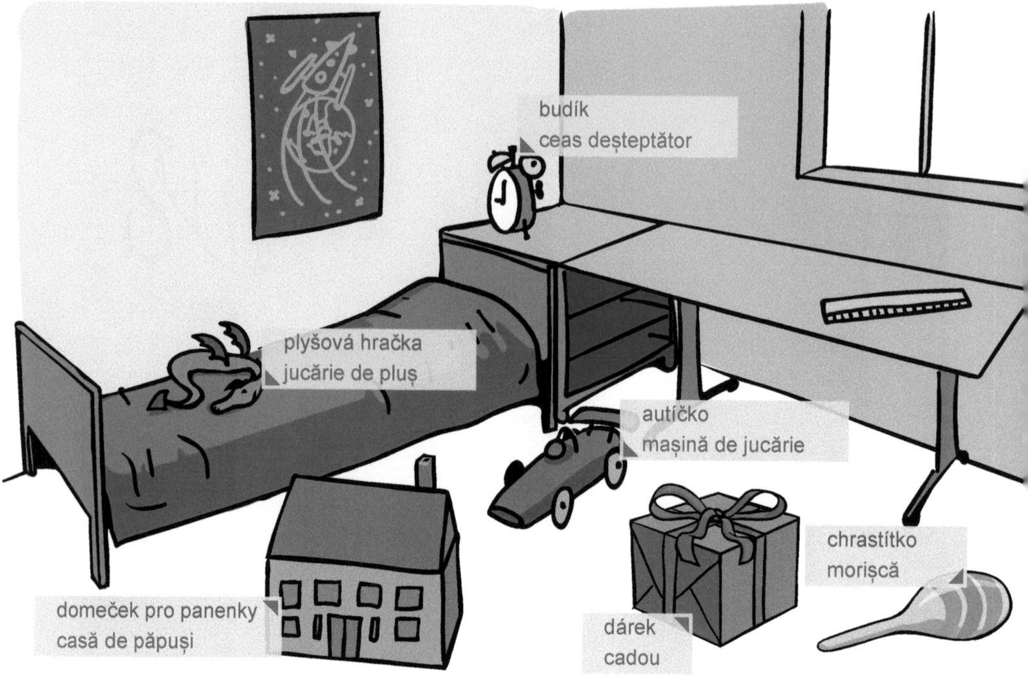

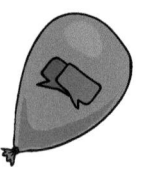

balón

balon

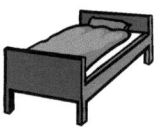

postel

pat

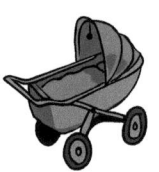

kočárek

cărucior de copii

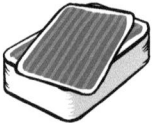

balíček karet

joc de cărți

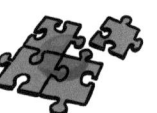

puzzle

puzzle

SUPER
MEGA

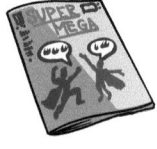

komiks

revistă de benzi desenate

lego kostky

cuburi lego

stavebnice

piese pentru construcții

akční figurka

personaj din filmele de acțiune

dupačky

body

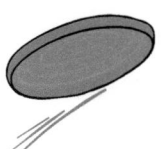

frisbee

frisbee

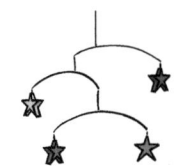

závěsné hračky nad postýlku
mobil

desková hra

joc de societate

kostky

zar

modelová železnice

set trenuleț de jucărie

dudlík

suzetă

oslava

petrecere

obrázková kniha

carte cu poze

míč

minge

panenka

păpușă

hrát si

a se juca

pískoviště

groapă de nisip

houpačka

leagăn

hračky

jucării

hrací konzole

consolă video

tříkolka

tricicletă

medvídek

ursuleț

šatník

dulap

oblečení
îmbrăcăminte

ponožky

šosete

punčochy

ciorapi

punčochové kalhoty

dres

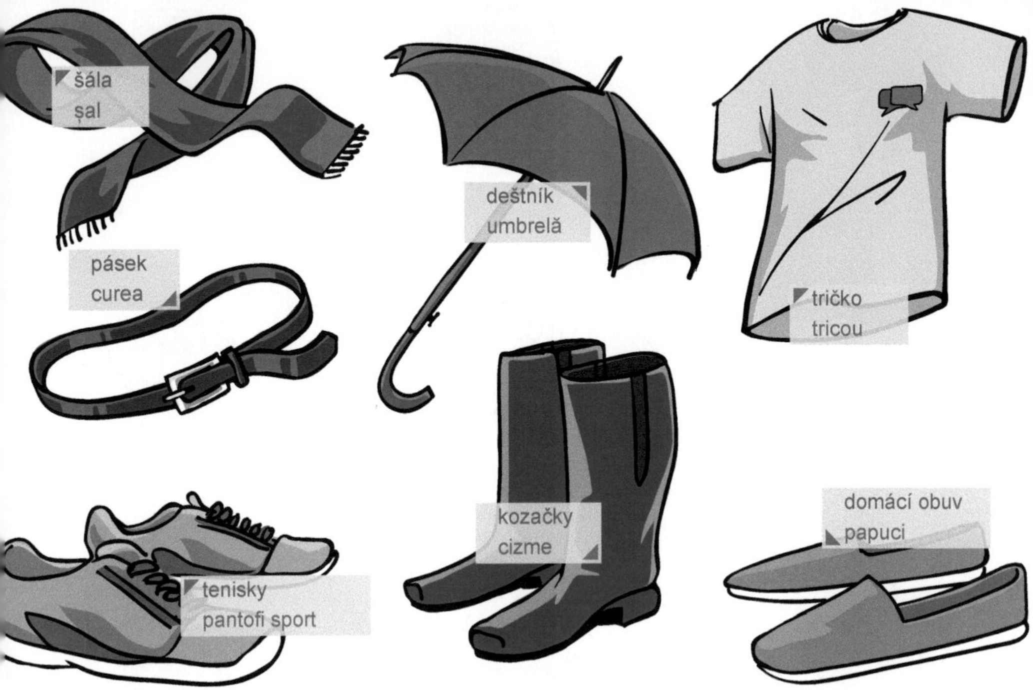

šála
şal

pásek
curea

deštník
umbrelă

tričko
tricou

tenisky
pantofi sport

kozačky
cizme

domácí obuv
papuci

sandály
....
sandale

obuv
....
încălţăminte

holínky
....
cizme de cauciuc

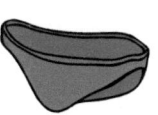

spodní prádlo
....
chilot

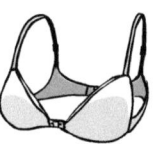

podprsenka
....
sutien

nátělník
....
maiou

body
body

kalhoty
pantaloni

džíny
blugi

sukně
fustă

blůza
bluză

košile
cămașă

svetr
pulover

mikina
jerseu

blejzr
sacou

bunda
jachetă

kabát
palton

pláštěnka
pelerină de ploaie

kostým
costum

šaty
rochie

svatební šaty
rochie de mireasă

oblek

costum

noční košile

cămașă de noapte

pyžamo

pijama

sárí

sari

šátek na hlavu

batic

turban

turban

burka

burka

kaftan

caftan

abája

abaya

plavky

costum de baie

pánské plavky

șort

kraťasy

pantaloni scurți

tepláková souprava

trening

zástěra

șort

rukavice

mănuși

knoflík
....
nasture

brýle
....
ochelari

náramek
....
brăţară

náhrdelník
....
lanţ

prsten
....
inel

náušnice
....
cercel

čepice
....
căciulă

ramínko
....
umeraş

klobouk
....
pălărie

kravata
....
cravată

zip
....
fermoar

helma
....
cască

kšandy
....
bretele

školní uniforma
....
uniformă şcolară

uniforma
....
uniformă

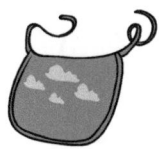

bryndák

bavețică

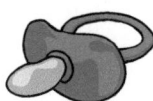

dudlík

suzetă

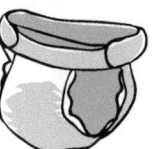

plena

scutec

kancelář

birou

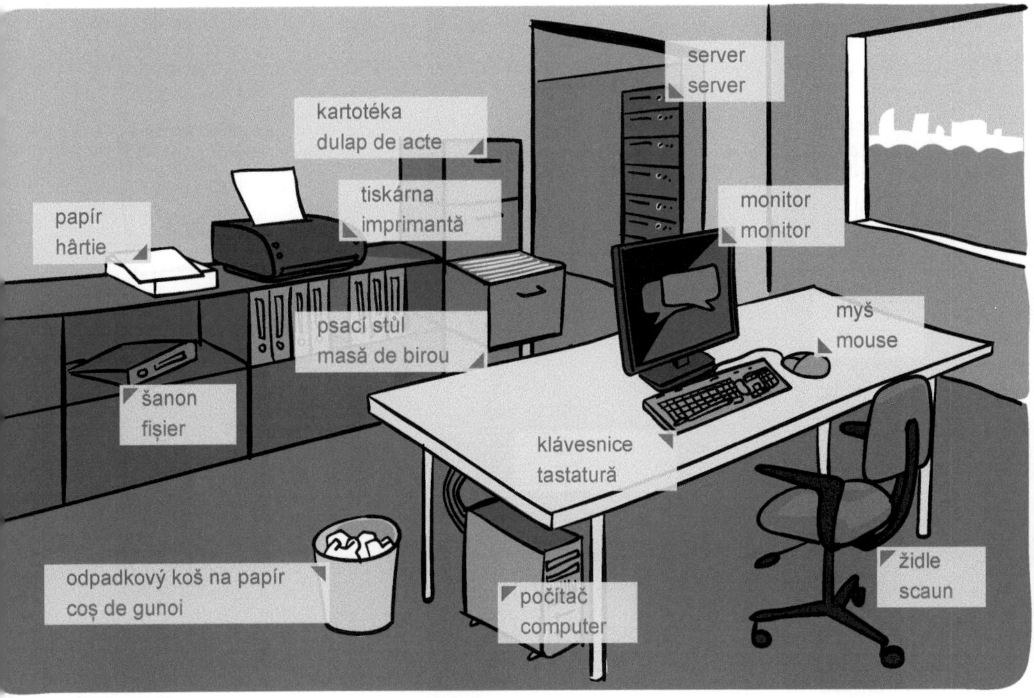

server
server
kartotéka
dulap de acte
tiskárna
imprimantă
papír
hârtie
monitor
monitor
psací stůl
masă de birou
myš
mouse
šanon
fișier
klávesnice
tastatură
odpadkový koš na papír
coș de gunoi
židle
scaun
počítač
computer

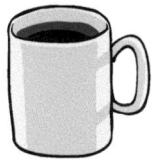

hrnek na kávu

ceașcă de cafea

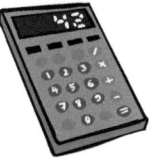

kalkulačka

calculator

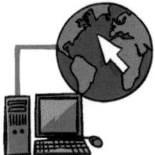

internet

internet

notebook

laptop

dopis

scrisoare

zpráva

mesaj

mobil

telefon mobil

síť

rețea

kopírka

copiator

software

software

telefon

telefon

zásuvka

priză

fax

fax

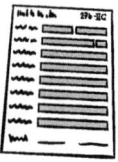

formulář

formular

dokument

document

nakupovat

a cumpăra

zaplatit

a plăti

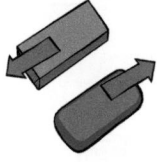

jednat

a face comerț

peníze

bani

USD

dolar

Dolar

EUR

euro

Euro

JPY

jen

Yen

RUB

rubl

Rublă

CHF

frank

Franc Elvețian

CNY

juan

renminbi yuan

INR

rupie

Rupie

bankomat

bancomat

směnárna

casă de schimb valutar

zlato

aur

stříbro

argint

olej

petrol

energie

energie

cena

preț

smlouva

contract

daň

impozit

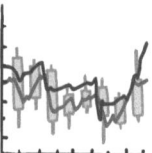

akcie

acțiune

pracovat

a munci

zaměstnanec

angajat

zaměstnavatel

angajator

továrna

fabrică

obchod

magazin

policista
polițist

hasič
pompier

kuchař
bucătar

lékař
medic

pilot
pilot

zahradník
grădinar

truhlář
tâmplar

švadlena
cusătoreasă

soudce
judecător

chemik
chimist

herec
actor

řidič autobusu

šofer de autobuz

řidič taxi

šofer de taxi

rybář

pescar

uklízečka

femeie de serviciu

pokrývač

tinichigiu

číšník

chelnăr

myslivec

vânător

malíř

pictor

pekař

brutar

elektrikář

electrician

stavební dělník

muncitor în construcţii

inženýr

inginer

řezník

măcelar

klempíř

instalator

listonoš

poştaş

voják
soldat

architekt
arhitect

pokladní
casier

florista
florar

kadeřník
frizer

průvodčí
controlor

mechanik
mecanic

kapitán
căpitan

zubař
stomatolog

vědec
om de știință

rabín
rabin

imám
imam

mnich
călugăr

duchovní
preot

nářadí
instrumente

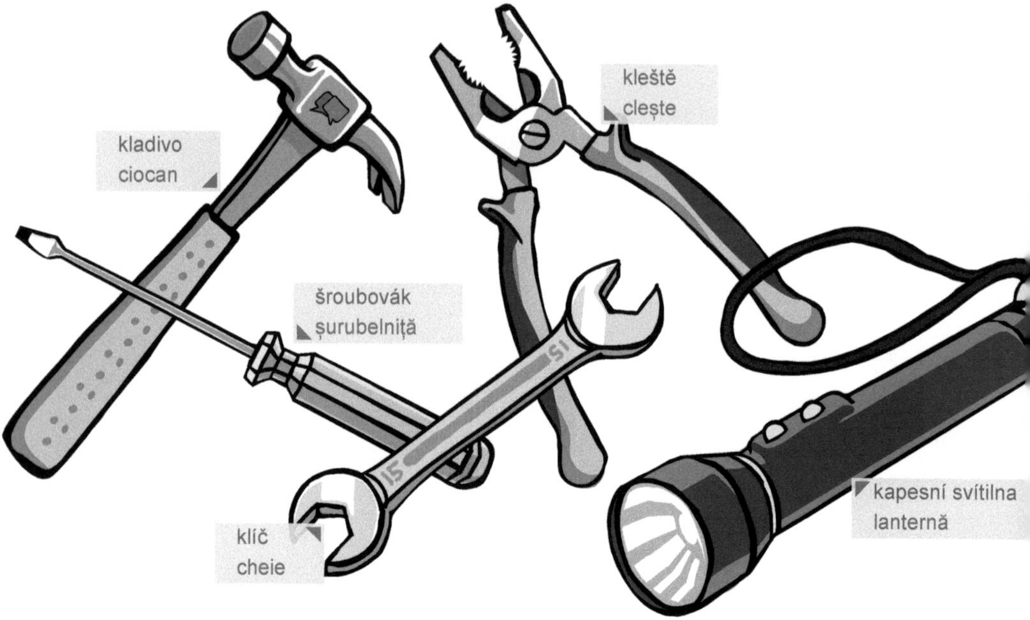
kladivo
ciocan
kleště
clește
šroubovák
șurubelniță
klíč
cheie
kapesní svítilna
lanternă

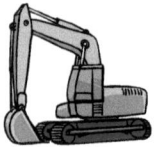

bagr

excavator

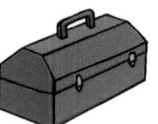

skříň na nářadí

cutie de scule

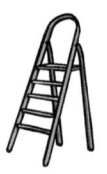

žebřík

scară

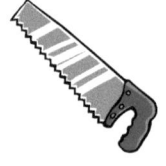

pila

ferăstrău

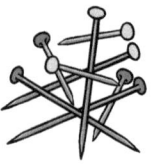

hřebíky

cuie

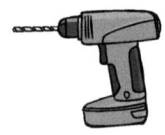

vrtačka

burghiu

opravit

a repara

lopata

lopată

Kurva!

La naiba!

lopatka

făraș

vědroé na barvu

vas pentru vopsea

šrouby

șuruburi

hudební nástroje
instrumente muzicale

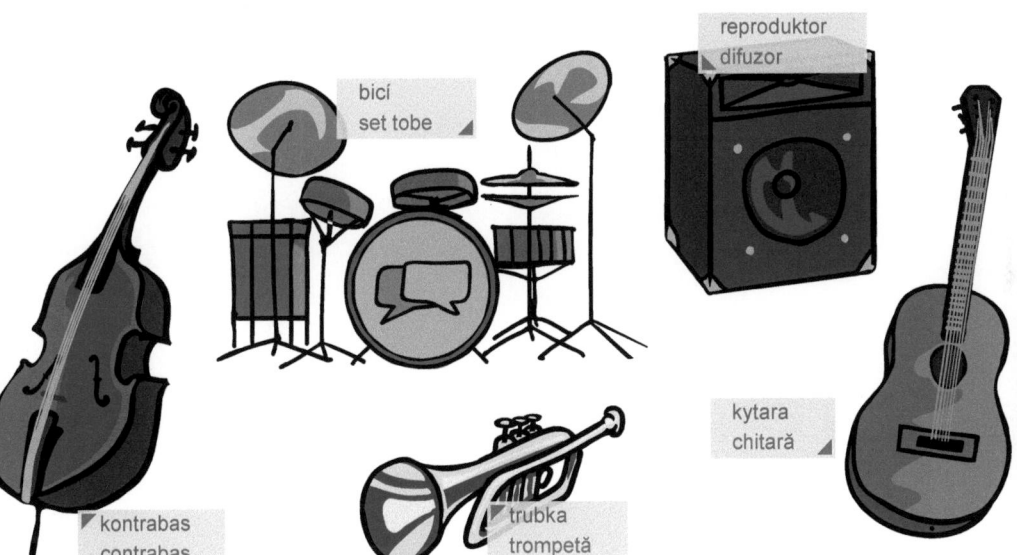

reproduktor
difuzor

bicí
set tobe

kontrabas
contrabas

trubka
trompetă

kytara
chitară

klavír

pian

housle

vioară

basa

bas

tympán

trombon

bubny

tobă

keyboard

keyboard

saxofon

saxofon

flétna

fluier

mikrofon

microfon

zoo
grădină zoologică

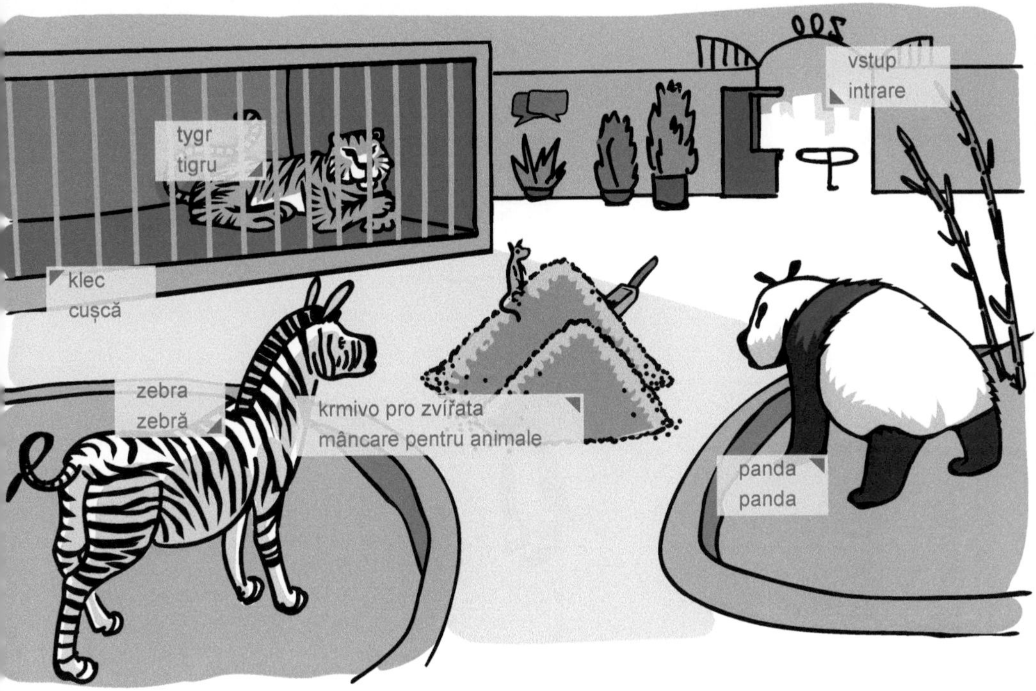
vstup
intrare
tygr
tigru
klec
cușcă
zebra
zebră
krmivo pro zvířata
mâncare pentru animale
panda
panda

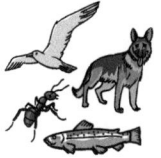

zvířata

animale

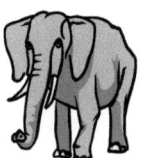

slon

elefant

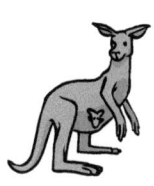

klokan

cangur

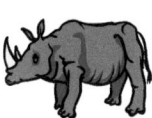

nosorožec

rinocer

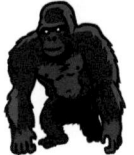

gorila

gorilă

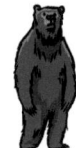

medvěd

urs

velbloud

cămilă

pštros

struț

lev

leu

opice

maimuță

plameňák

flamingo

papoušek

papagal

lední medvěd

urs polar

tučňák

pinguin

žralok

rechin

páv

păun

had

șarpe

krokodýl

crocodil

ošetřovatel zvířat

îngrijitor grădina zoologică

tuleň

focă

jaguár

jaguar

poník
ponei

leopard
leopard

hroch
hipopotam

žirafa
girafă

orel
acvilă

divoké prase
porc mistreț

ryby
pește

želva
broască țestoasă

mrož
morsă

liška
vulpe

gazela
gazelă

americký fotbal
fotbal american

cyklistika
ciclism

tenis
tenis

košíková
basketball

plavání
înot

box
box

lední hokej
hockey pe gheață

kopaná

fotbal

badminton

badminton

lehká atletika

atletism

házená

handbal

běh na lyžích

schi

vodní pólo

polo

smát se
a râde

skočit
a sări

objímat
a îmbrățișa

jít
a merge

zpívat
a cânta

snít
a visa

modlit se
a se ruga

políbit
a săruta

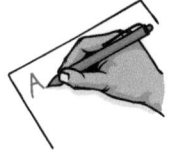

psát

a scrie

kreslit

a desena

ukazovat

a arăta

tlačit

a împinge

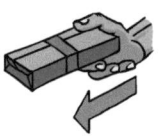

dát

a da

vzít si

a lua

mít

a avea

dělat

a face

být

a fi

stát

a sta în picioare

běhat

a fugi

táhnout

a trage

hodit

a arunca

padat

a cădea

ležet

a sta întins

čekat

a aștepta

nosit

a purta

sedět

a ședea

oblékat

a se îmbrăca

spát

a dormi

vzbudit se

a se trezi

prohlédnout si

a privi

plakat

a plânge

pohladit

a mângâia

česat

a se pieptăna

hovořit

a vorbi

rozumět

a înțelege

ptát se

a întreba

slyšet

a asculta

pít

a bea

jíst

a mânca

uklidit

a face ordine

milovat

a iubi

vařit

a găti

jet

a conduce

letět

a zbura

plachtit

a naviga

počítat

a calcula

číst

a citi

učit se

a învăța

pracovat

a munci

vzít si

a se căsători

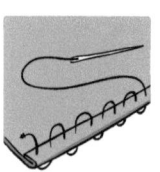

šít

a coase

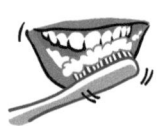

čistit si zuby

a se spăla pe dinți

zabít

a ucide

kouřit

a fuma

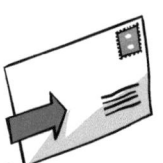

poslat

a trimite

babička
bunică

dědeček
bunic

otec
tată

matka
mamă

dítě
bebeluș

dcera
sora

syn
fiu

host
oaspete

teta
mătușă

strýc
unchi

bratr
frate

sestra
soră

tělo
corp

čelo
frunte
oko
ochi
rameno
umăr
prst
deget
obličej
față
brada
bărbie
ruka
mână
dolní končetina
picior
hruď
piept
paže
braț

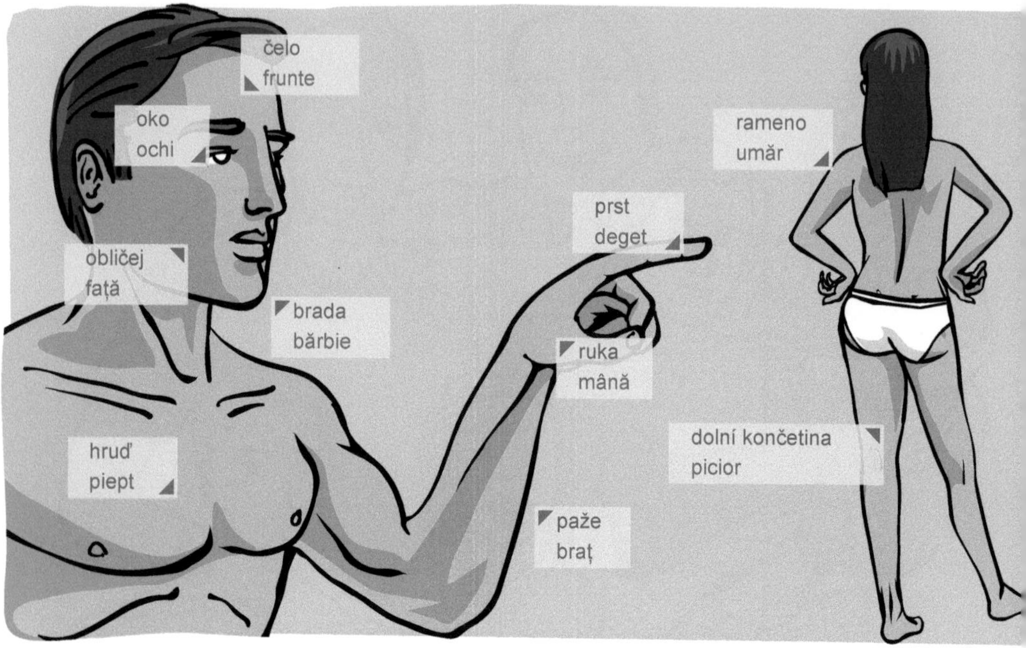

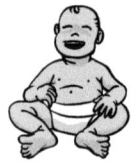

dítě
bebeluș

muž
bărbat

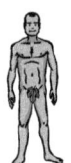

žena
femeie

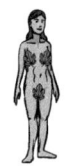

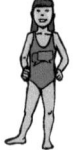

dívka
fată

chlapec
băiat

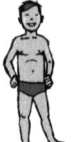

hlava
cap

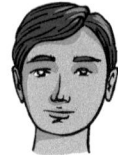

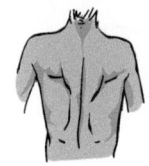

záda

spate

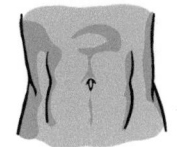

břicho

abdomen

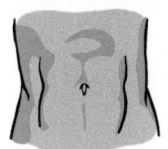

pupík

ombilic

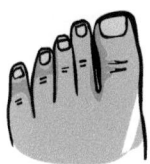

prst na noze

deget de la picior

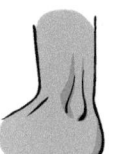

pata

călcâi

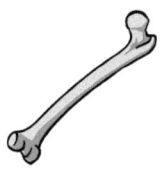

kost

os

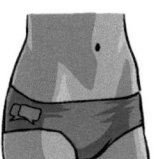

bok

șold

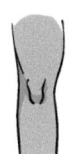

koleno

genunchi

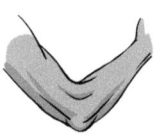

loket

cot

nos

nas

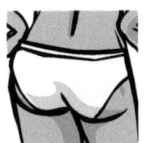

zadek

fund

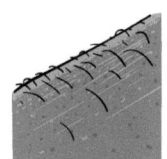

kůže

piele

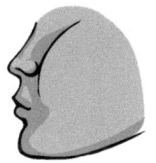

tvář

obraz

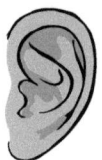

ucho

ureche

ret

buză

tělo - corp

ústa
gură

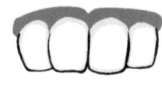

zub
dinte

jazyk
limbă

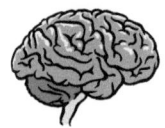

mozek
creier

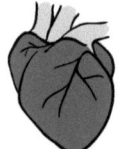

srdce
inimă

sval
mușchi

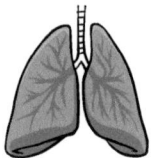

plíce
plămân

játra
ficat

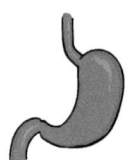

žaludek
stomac

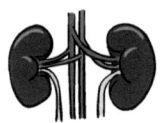

ledviny
rinichi

pohlavní styk
sex

kondom
prezervativ

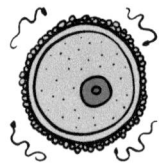

vajíčko
ovul

sperma
spermă

těhotenství
sarcină

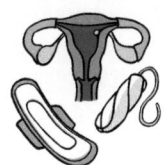

menstruace
menstruație

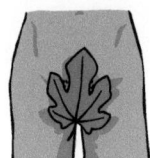

vagina
vagin

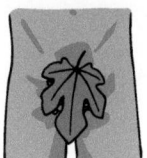

penis
penis

obočí
sprânceană

vlasy
păr

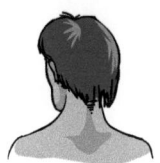

krk
gât

nemocnice
spital

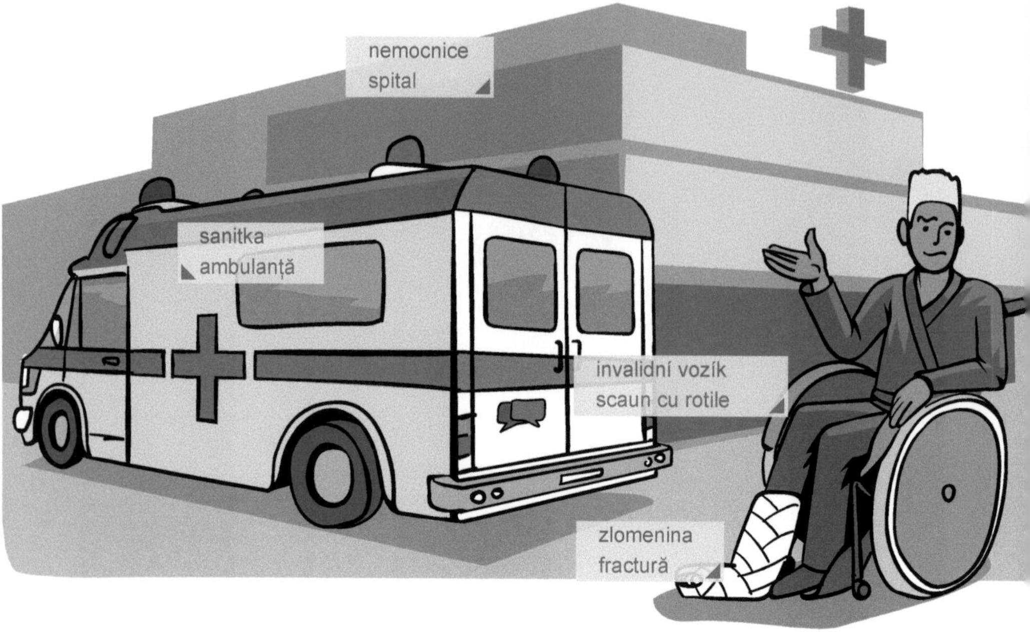

nemocnice
spital
sanitka
ambulanță
invalidní vozík
scaun cu rotile
zlomenina
fractură

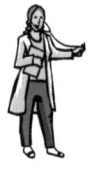

lékař
medic

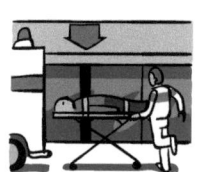

pohotovost
unitate de primiri urgențe

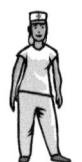

zdravotní sestra
soră medicală

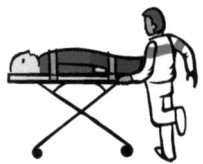

urgentní případ
urgență

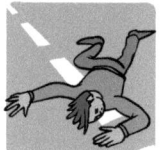

v bezvědomí
inconștient

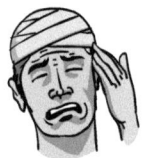

bolest
durere

úraz
....
leziune

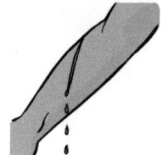

krvácení
....
sângerare

infarkt myokardu
....
infarct miocardic

cévní mozková příhoda
....
atac cerebral

alergie
....
alergie

kašel
....
tuse

horečka
....
febră

chřipka
....
gripă

průjem
....
diaree

bolest hlavy
....
durere de cap

rakovina
....
cancer

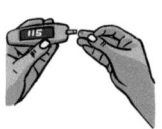

cukrovka
....
diabet

chirurg
....
chirurg

skalpel
....
scalpel

operace
....
operaţie

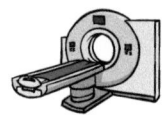

CT
CT

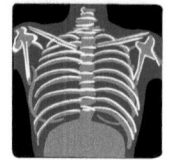

rentgen
raze Röntgen

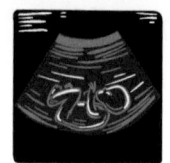

ultrazvuk
ultrasunet

maska
mască

nemoc
boală

čekárna
sală de așteptare

berle
cârjă

náplast
plasture

obvaz
bandaj

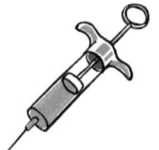

injekce
injecție

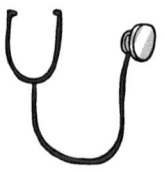

stetoskop
stetoscop

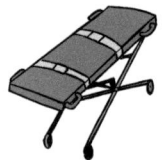

nosítka
targă

teploměr
termometru

porod
naștere

nadváha
supraponderabilitate

naslouchátko

aparat auditiv

dezinfekční prostředek

dezinfectant

infekce

infecţie

virus

virus

HIV / AIDS

HIV/SIDA

lékařství

medicină

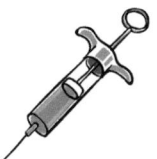

očkování

vaccin

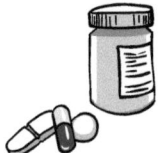

tablety

tablete

pilulka

pastilă

tísňové volání

apel de urgenţă

tonometr

aparat de măsurare a
presiunii arteriale

nemocný / zdravý

bolnav/sănătos

Pomoc!

Ajutor!

poplach

alarmă

přepadení

agresiune

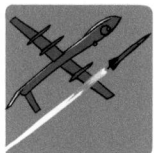

napadení

atac

nebezpečí

pericol

nouzový východ

ieșire de urgență

Hoří!

Foc!

hasicí přístroj

extinctor

nehoda

accident

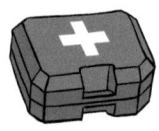

zdravotnická brašna

trusă de prim-ajutor

SOS

SOS

policie

poliție

Evropa
Europa

Severní Amerika
America de Nord

Jižní Amerika
America de Sud

Afrika
Africa

Asie
Asia

Austrálie
Australia

Atlantik
Altantic

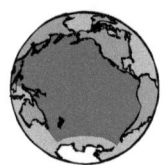

Pacifik
Pacific

Indický oceán
Oceanul Indian

Jižní ledový oceán
Oceanul Antarctic

Severní ledový oceán
Oceanul Arctic

severní pól
Polul Nord

jižní pól

Polul Sud

Antarktida

Antarctica

země

pământ

pevnina

ţară

moře

mare

ostrov

insulă

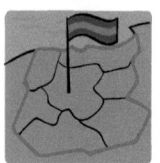

národ

naţiune

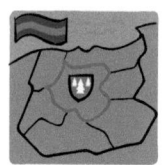

stát

stat

ciferník

cadran

hodinová ručička

orar

minutová ručička

minutar

vteřinová ručička

secundar

Kolik je hodin?

Cât e ceasul?

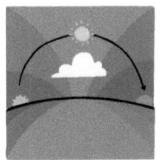

den

zi

čas

timp

teď

acum

digitální hodinky

cead digital

minuta

minut

hodina

oră

týden
săptămână

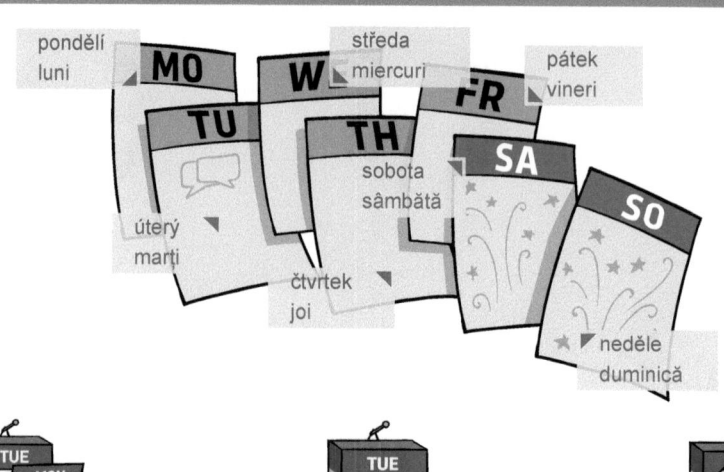

pondělí / luni — MO
středa / miercuri — W
pátek / vineri — FR
úterý / marți — TU
čtvrtek / joi — TH
sobota / sâmbătă — SA
neděle / duminică — SO

včera
ieri

dnes
azi

zítra
mâine

ráno
dimineață

poledne
amiază

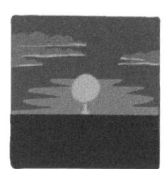

večer
seară

MO	TU	WE	TH	FR	SA	SU
1	2	3	4	5	6	7
8	9	10	11	12	13	14
15	16	17	18	19	20	21
22	23	24	25	26	27	28
29	30	31	1	2	3	4

pracovní dny
zile lucrătoare

MO	TU	WE	TH	FR	SA	SU
1	2	3	4	5	6	7
8	9	10	11	12	13	14
15	16	17	18	19	20	21
22	23	24	25	26	27	28
29	30	31	1	2	3	4

víkend
week-end

rok
an

déšť
ploaie
duha
curcubeu
vítr
vânt
sníh
zăpadă
jaro
primăvară
léto
vară
podzim
toamnă
zima
iarnă

4.APRIL 11°
5.APRIL 4°
6.APRIL 13°
7.APRIL 8°
8.APRIL 10°

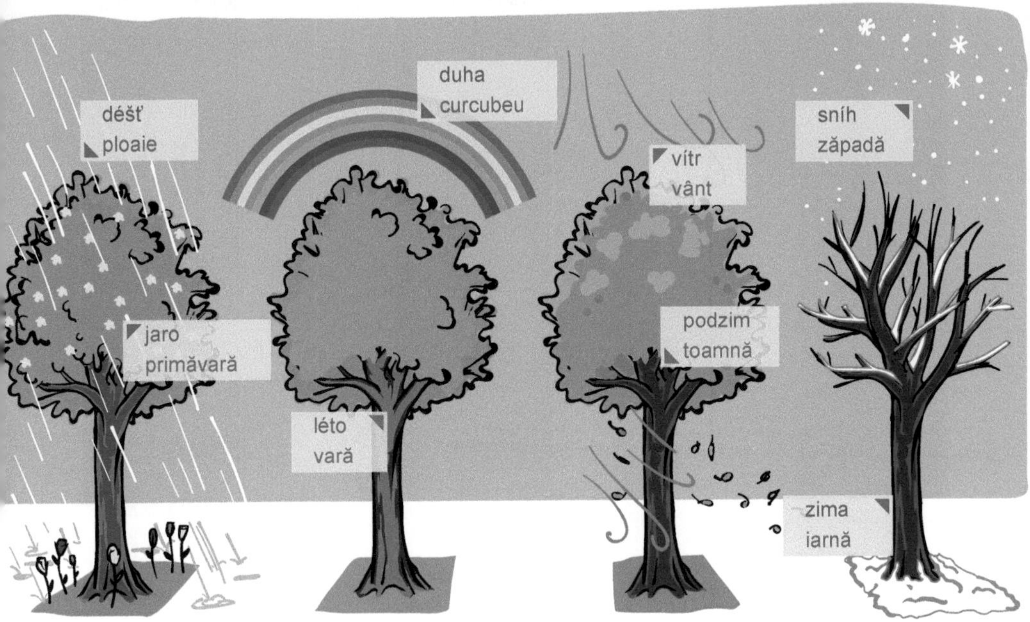

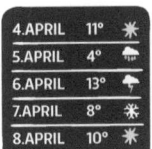

předpověď počasí

prognoză meteo

F C
120 40
90 30
60 20
30 10
0 0
-30 -10
-20

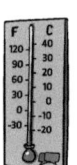

teploměr

termometru

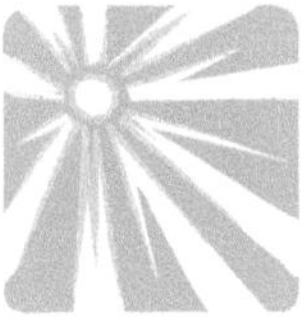

sluneční svit

lumina soarelui

mrak

nor

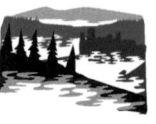

mlha

ceață

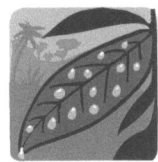

vlhkost

umiditate a aerului

blesk

fulger

hrom

tunet

bouřka

furtună

kroupy

grindină

monzun

muson

povodeň

inundație

led

gheață

leden

ianuarie

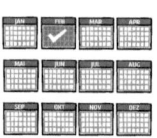

únor

februarie

březen

martie

duben

aprilie

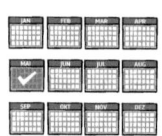

květen

mai

červen

iunie

červenec

iulie

srpen

august

září
....
septembrie

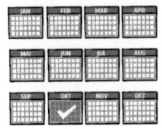

říjen
....
octombrie

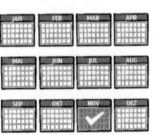

listopad
....
noiembrie

prosinec
....
decembrie

kruh
....
cerc

čtverec
....
pătrat

obdélník
....
dreptunghi

trojúhelník
....
triunghi

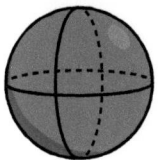

koule
....
sferă

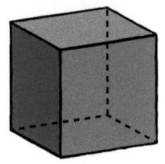

krychle
....
cub

bílá
....
alb

žlutá
....
galben

oranžová
....
portocaliu

růžová
....
roz

červená
....
roșu

fialová
....
violet

modrá
....
albastru

zelená
....
verde

hnědá
....
maro

šedá
....
gri

černá
....
negru

hodně / málo

mult/puțin

rozzuřený / mírumilovný

furios/calm

krásný / ošklivý

frumos/urât

začátek / konec

început/sfârșit

velký / malý

mare/mic

světlý / tmavý

luminos/întunecat

bratr / sestra

frate/soră

čistý / špinavý

curat/murdar

úplný / neúplný

complet/incomplet

den / noc

zi/noapte

mrtvý / živý

mort/viu

široký / úzký

lat/strâmt

jedlý / nejedlý

comestibil/necomestibil

zlý / hodný

rău/prietenos

vzrušený / znuděný

emoționat/plictisit

tlustý / hubený

gras/slab

nejdříve / naposledy

primul/ultimul

přítel / nepřítel

prieten/inamic

plný / prázdný

plin/gol

tvrdý / měkký

tare/moale

těžký / lehký

greu/ușor

hlad / žízeň

foame/sete

nemocný / zdravý

bolnav/sănătos

ilegální / legální

ilegal/legal

inteligentní / hloupý

inteligent/stupid

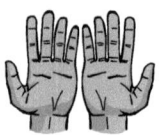

vlevo / vpravo

stânga/drepta

blízko / daleko

aproape/departe

protiklady - antonime

nový / použitý

nou/uzat

nic / něco

nimic/ceva

starý / mladý

bătrân/tânăr

zapnutý / vypnutý

pornit/oprit

otevřeno / zavřeno

deschis/închis

tichý / hlasitý

încet/tare

bohatý / chudý

bogat/sărac

správný / špatný

corect/fals

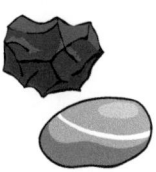

drsný / hladký

aspru/neted

smutný / šťastný

trist/fericit

krátký / dlouhý

lung/scurt

pomalý / rychlý

încet/repede

vlhký / suchý

ud/uscat

teplý / chladný

cald/rece

válka / mír

război/pace

protiklady - antonime

0	**1**	**2**
nula	jedna	dva
zero	unu	doi

3	**4**	**5**
tři	čtyři	pět
trei	patru	cinci

6	**7**	**8**
šest	sedm	osm
șase	șapte	opt

9	**10**	**11**
devět	deset	jedenáct
nouă	zece	unsprezece

12

dvanáct

douäsprezece

13

třináct

treisprezece

14

čtrnáct

paisprezece

15

patnáct

cincisprezece

16

šestnáct

șaisprezece

17

sedmnáct

șaptesprezece

18

osmnáct

optsprezece

19

devatenáct

nouäsprezece

20

dvacet

douäzeci

100

sto

o sută

1.000

tisíc

o mie

1.000.000

milion

un milion

angličtina

engleză

americká angličtina

engleză americană

standardní čínština

chineza mandarină

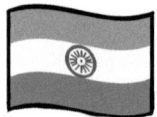

hindština

hindi

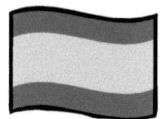

španělština

spaniolă

francouzština

franceză

arabština

arabă

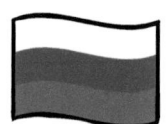

ruština

rusă

portugalština

protugheză

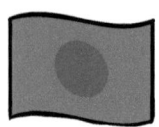

bengálština

bengaleză

němčina

germană

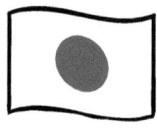

japonština

japoneză

já
eu

ty
tu

on / ona / ono
el/ea

my
noi

vy
voi

oni
ea

Kdo?
cine?

Co?
ce?

Jak?
cum?

Kde?
unde?

Kdy?
când?

jméno
nume

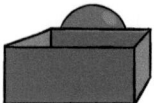

za
......
în spate

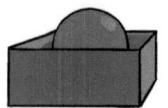

do
......
în

z
......
înainte

nad
......
peste

na
......
pe

mezi
......
sub

vedle
......
lângă

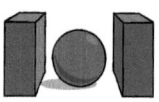

mezi
......
între

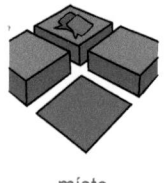

místo
......
loc